d Schuel - школа — 2
d Reis - подорож — 5
dr Transport - транспорт — 8
d Stadt - місто — 10
d Landschaft - ландшафт — 14
s Restaurant - ресторан — 17
dr Läbensmittellade - супермаркет — 20
s Getränk - напої — 22
d Läbensmittel - їжа — 23
dr Buurehof - ферма — 27
s Huus - дім — 31
s Stubä - вітальня — 33
d Chuchi - кухня — 35
s Badzimmer - ванна кімната — 38
s Chinderzimmer - дитяча кімната — 42
d Chleidig - одяг — 44
s Büro - офіс — 49
d Wirtschaft - економіка — 51
d Brüef - професії — 53
d Werkzüüg - інструменти — 56
d Musiginstrumänt - музичні інструменти — 57
dr Zolli - зоопарк — 59
dr Sport - спорт — 62
d Aktivitäte - дії — 63
d Familiä - сім'я — 67
dr Körpär - тіло — 68
s Spital - лікарня — 72
dr Notfall - аварійний випадок — 76
d Ärde - Земля — 77
d Uhr - годинник — 79
d Wuche - тиждень — 80
s Johr - рік — 81
d Forme - форми — 83
d Farbä - фарби — 84
d Gägeteil - протилежності — 85
d Zahlä - числа — 88
d Sprache - мови — 90
wär / was / wie - хто / що / як — 91
wo - де — 92

Impressum
Verlag: BABADADA GmbH, Nedderfeld 112 , 22529 Hamburg
Geschäftsführer / Verlagsleitung: Harald Hof
Druck: Books on Demand GmbH, In de Tarpen 42, 22848 Norderstedt

Imprint
Publisher: BABADADA GmbH, Nedderfeld 112 , 22529 Hamburg, Germany
Managing Director / Publishing direction: Harald Hof
Print: Books on Demand GmbH, In de Tarpen 42, 22848 Norderstedt, Germany

d Schuel
школа

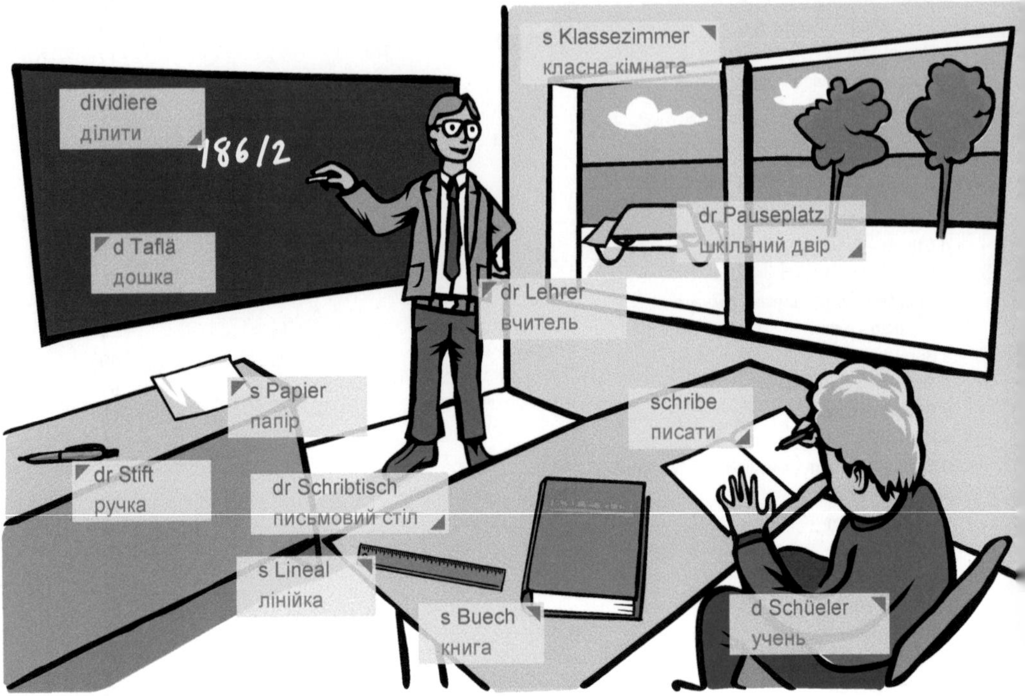
s Klassezimmer
класна кімната
dividiere
ділити
186/2
d Taflä
дошка
dr Pauseplatz
шкільний двір
dr Lehrer
вчитель
s Papier
папір
schribe
писати
dr Stift
ручка
dr Schribtisch
письмовий стіл
s Lineal
лінійка
s Buech
книга
d Schüeler
учень

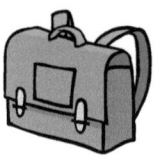

dr Thek
ранець

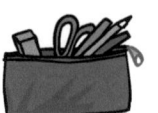

s Etui
пенал

dr Bleistift
олівець

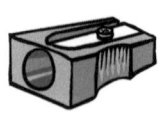

dr Spitzer
точило

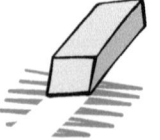

s Radiergummi
гумка

dr Zeicheblock
альбом для малювання

d Zeichnig

малюнок

dr Pinsel

пензель

dr Malchaschte

коробка фарб

d Schär

ножиці

dr Liim

клей

s Üebigsheft

зошит

d Huusufgabe

домашнє завдання

d Zahl

число

addiere

додавати

subtrahiere

віднімати

multipliziere

множити

rächne

рахувати

dr Buechstabe

літера

s Alphabet

абетка

s Wort

слово

dr Text

текст

läse

читати

d Kriide

крейда

d Lektion

година

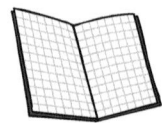

s Klassäbuech

класний журнал

d Prüefig

екзамен

s Zügnis

диплом

d Schueluniform

шкільна форма

d Usbildig

освіта

d Enzyklopädie

лексикон

d Universität

університет

s Mikroskop

мікроскоп

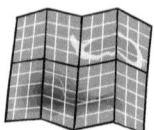

d Charte

карта

dr Papierchorb

кошик для паперу

d Schuel - школа

d Reis
подорож

s Hotel
готель
Grand
d Härbärg
турбаза
ROOMS
d Wächselstube
обмінний пункт
dr Koffer
валіза
s Auto
автомобіль

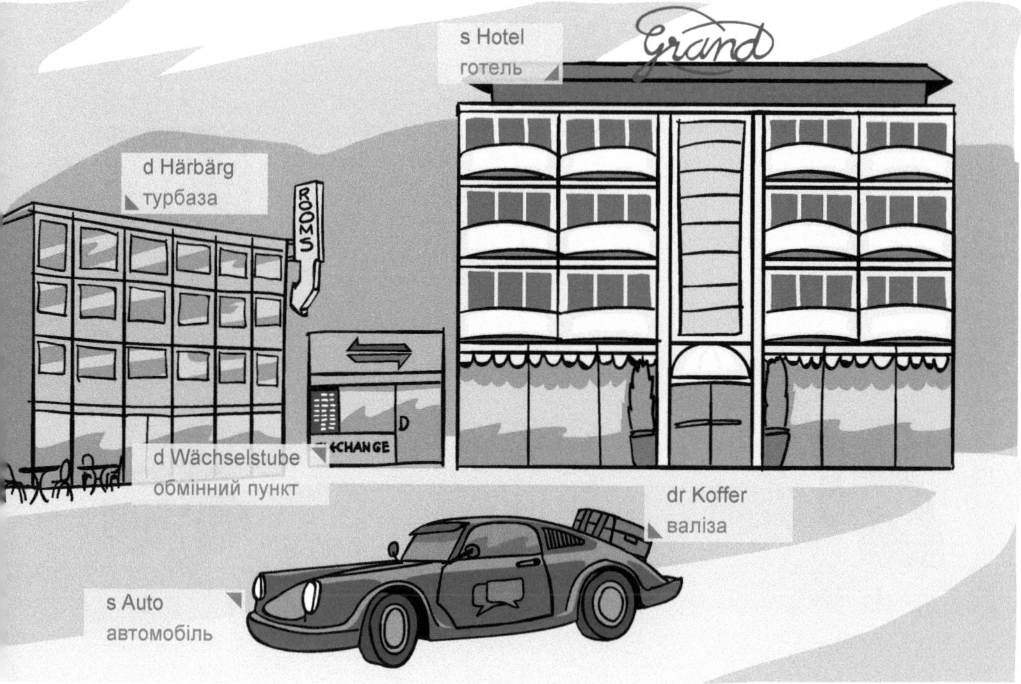

d Sprach

мова

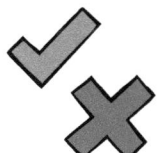

jo / nei

так / ні

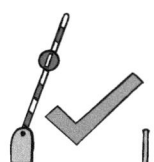

okay

добре

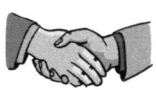

Hallo

привіт

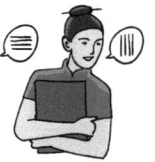

dr Dolmetscher

перекладач

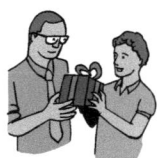

Dankä

дякую

Was chostet...?

Скільки коштує ...?

Ich vrstahs nöd

Я не розумію

s Problem

проблема

Guete Abig!

Добрий вечір!

guete Morgä!

Доброго ранку!

guete Abig!

На добраніч!

Uf Wiederseh

До побачення

d Richtig

напрямок

s Bagaasch

багаж

d Täsche

сумка

dr Rucksack

рюкзак

dr Gast

гість

dr Ruum

кімната

dr Schlafsack

спальний мішок

s Zält

намет

d Reis - подорож

d Touristeninformation

туристична інформація

dr Strand

пляж

d Kreditkarte

кредитна картка

s Zmorge

сніданок

s Zmittag

обід

s Znacht

вечеря

s Billet

квиток

dr Ufzug

ліфт

d Briefmarke

поштова марка

d Gränze

межа

dr Zoll

митниця

d Botschaft

посольство

s Visum

віза

dr Pass

паспорт

dr Transport

транспорт

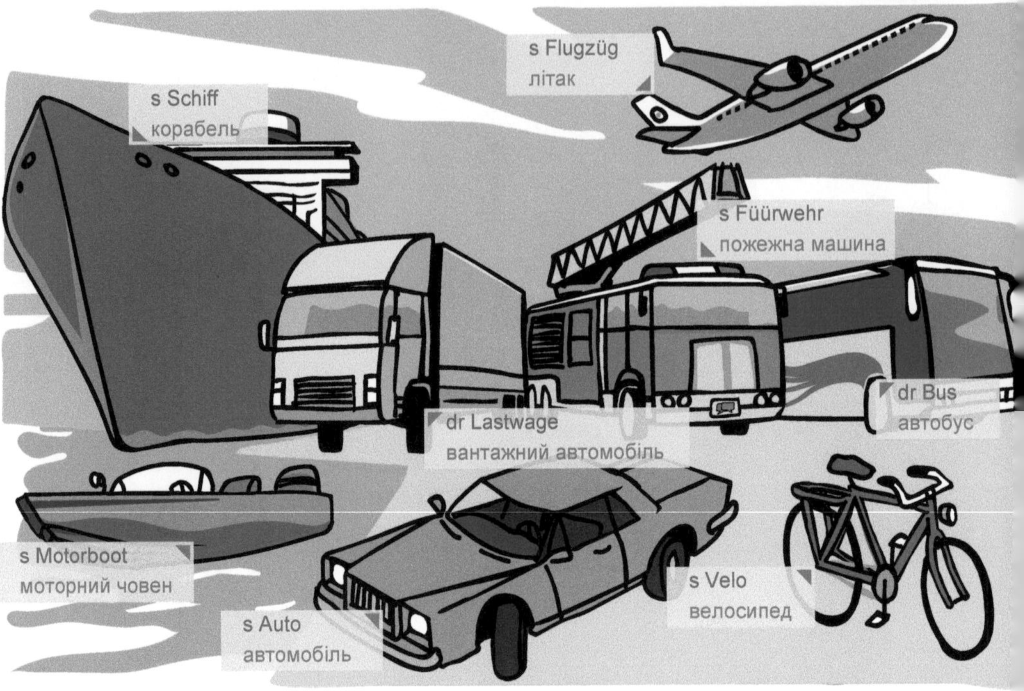
s Flugzüg
літак
s Schiff
корабель
s Füürwehr
пожежна машина
dr Bus
автобус
dr Lastwage
вантажний автомобіль
s Motorboot
моторний човен
s Velo
велосипед
s Auto
автомобіль

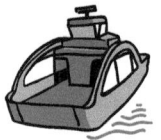

d Fähri

пором

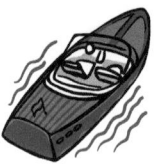

s Boot

човен

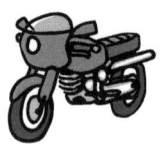

s Töff

мотоцикл

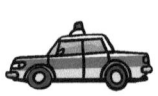

s Polizeiauto

поліцейська машина

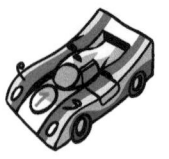

s Rännauto

гоночний автомобіль

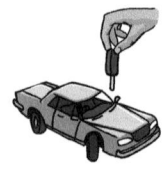

dr Mietwage

автомобіль на прокат

s Carsharing

спільне користування авто

dr Abschleppwage

евакуатор

dr Chübelwage

сміттєвоз

dr Motor

двигун

s Benzin

паливо

d Tankstell

автозаправна станція

s Verkehrsschild

дорожній знак

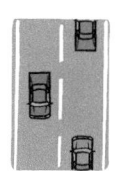

dr Verchehr

рух

dr Stau

затор

dr Parkplatz

стоянка

dr Bahnhof

вокзал

d Schiene

рейки

dr Zug

потяг

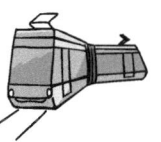

d Strassebahn

трамвай

dr Wagon

вагон

dr Helikopter

гелікоптер

dr Flughafe

аеропорт

dr Tower

вежа

dr Passagier

пасажир

dr Container

контейнер

dr Karton

коробка

dr Chare

візок

dr Korb

кошик

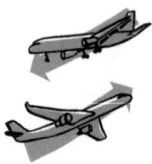

starte / lande

стартувати / приземлятися

d Stadt

місто

s Dorf

село

s Stadtzentrum

центр міста

s Huus

дім

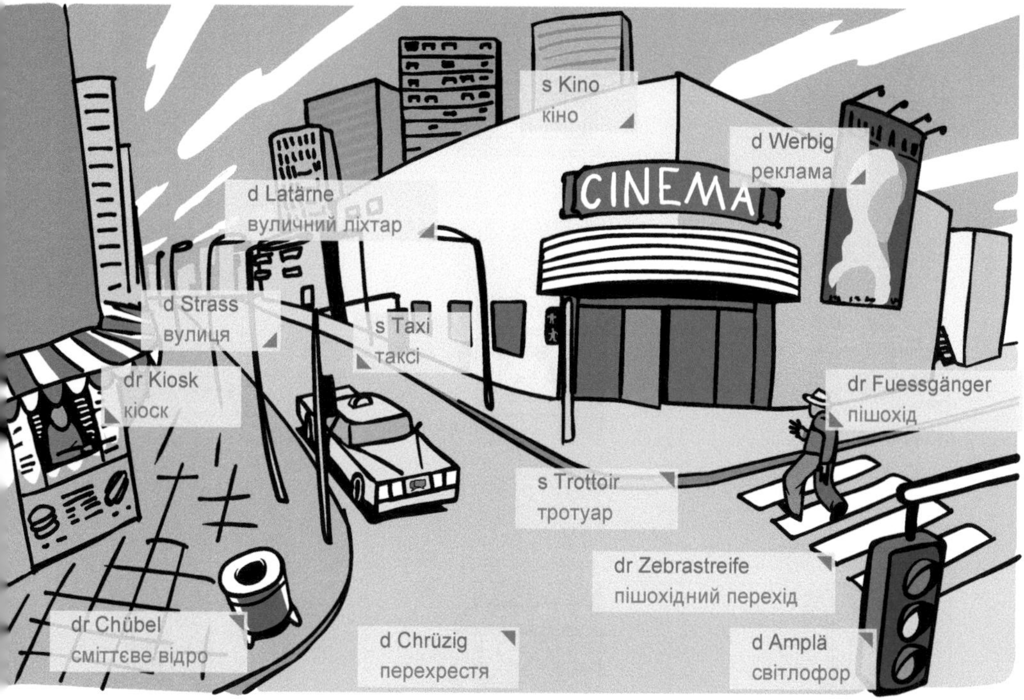

s Kino
кіно

d Werbig
реклама

d Latärne
вуличний ліхтар

CINEMA

d Strass
вулиця

s Taxi
таксі

dr Kiosk
кіоск

dr Fuessgänger
пішохід

s Trottoir
тротуар

dr Zebrastreife
пішохідний перехід

dr Chübel
сміттєве відро

d Chrüzig
перехрестя

d Amplä
світлофор

d Hütte

хатина

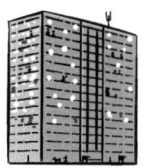

d Wohnig

квартира

dr Bahnhof

вокзал

s Gmeindshuus

ратуша

s Museum

музей

d Schuel

школа

d Universität

університет

d Bank

банк

s Spital

лікарня

s Hotel

готель

d Apotheke

аптека

s Büro

офіс

s Buechgschäft

книжковий магазин

s Gschäft

магазин

dr Bluemelade

квітковий магазин

dr Läbensmittellade

супермаркет

dr Märt

ринок

s Chaufhuus

універмаг

dr Fischhändler

торговець рибою

s Iihkaufszentrum

торговельний центр

dr Hafe

гавань

dr Park

парк

d Bank

лава

d Brugg

міст

d Stäge

сходи

d U-Bahn

метро

dr Tunnell

тунель

d Bushaltestell

автобусна зупинка

d Bar

бар

s Restaurant

ресторан

dr Briefchastä

поштова скринька

s Strasseschild

вулична табличка

d Parkuhr

лічильник паркування

dr Zolli

зоопарк

d Badi

басейн

d Moschee

мечеть

d Stadt - місто

dr Buurehof

ферма

d Umwältvrschmutzig

забруднення
навколишнього
середовища

dr Fridhof

кладовище

d Chile

церква

dr Spielplatz

дитячий майданчик

dr Tämpel

храм

d Landschaft

ландшафт

s Blatt
листок

dr Wägwiiser
вказівний стовп

dr Wäg
шлях

d Wise
луг

dr Stei
камінь

dr Baum
дерево

dr Wanderer
мандрівник

dr Fluss
річка

s Gras
трава

d Bluamä
квітка

s Tal

долина

dr Bärg

гора

dr See

озеро

dr Wald

ліс

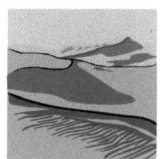

d Wüeschti

пустеля

dr Vulkan

вулкан

s Schloss

замок

dr Rägeboge

веселка

dr Pilz

гриб

d Palme

пальма

dr Moskito

комар

d Fliege

муха

d Ameise

мурашка

s Biendli

бджола

d Spinne

павук

d Landschaft - ландшафт

dr Chäfer

жук

dr Frosch

жаба

s Eichhörnli

вивірка

dr Igel

їжак

dr Haas

заєць

d Üle

сова

d Vogu

птах

dr Schwan

лебідь

s Wildschwein

кабан

dr Hirsch

олень

dr Elch

лось

dr Damm

гребля

d Windturbine

вітряк

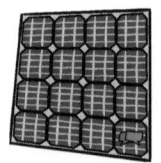

dr Sunnekollektor

сонячний модуль

s Klima

клімат

s Restaurant
ресторан

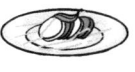

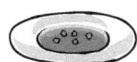

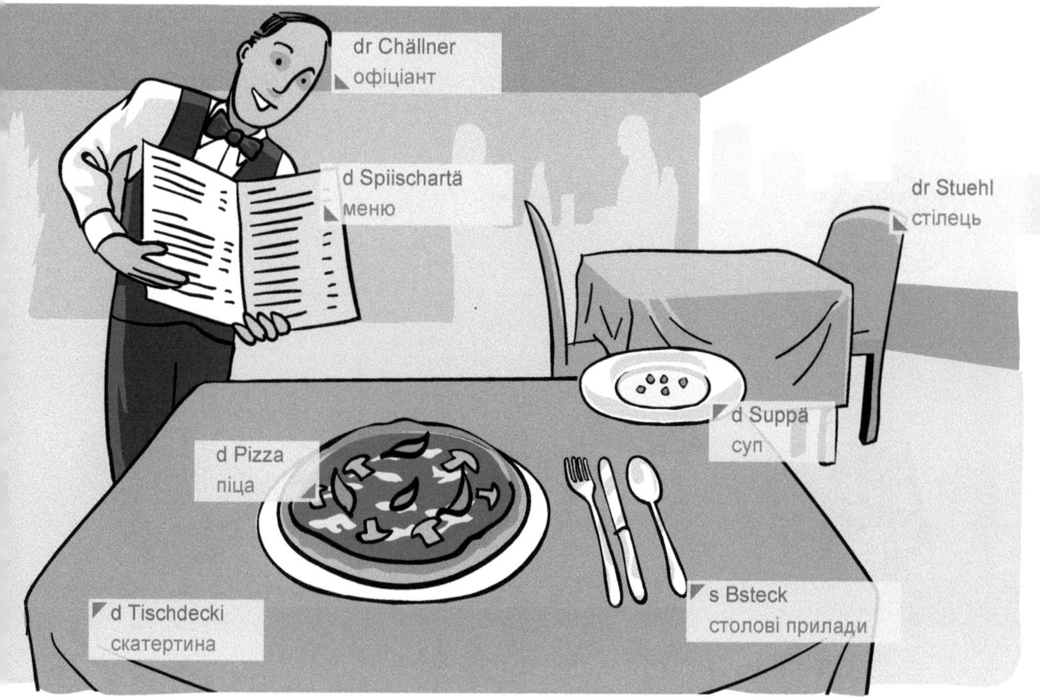

dr Challner
офіціант
d Spiischartä
меню
dr Stuehl
стілець
d Suppä
суп
d Pizza
піца
d Tischdecki
скатертина
s Bsteck
столові прилади

d Vorspiies

закуска

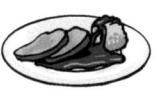

s Hauptgricht

друга страва

s Dessert

десерт

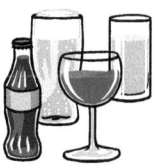

s Getränk

напої

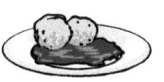

d Läbensmittel

їжа

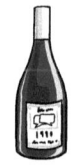

d Fläsche

пляшка

s Fast Food

фаст-фуд

s Street Food

вулична їжа

d Teechanne

чайник

d Zuckerdosä

цукорниця

d Portion

порція

d Espressomaschine

еспресо-машина

dr Hochstuehl

високий стільчик

d Rächnig

рахунок

s Tablett

піднос

s Mässer

ніж

d Gable

вилка

dr Löffel

ложка

dr Teelöffel

чайна ложка

d Serviette

серветка

s Glas

склянка

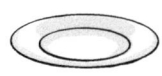

dr Täller

тарілка

dr Suppetällär

тарілка для супу

d Untertasse

блюдце

d Sose

соус

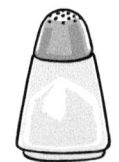

dr Salzstreuer

солонка

d Pfäffermühli

млин для перцю

dr Essig

оцет

s Öl

масло

d Gwürz

спеції

ds Ketchup

кетчуп

dr Sänf

гірчиця

d Mayonnaise

майонез

dr Läbensmittellade

супермаркет

s Ahgebot
пропозиція
FOR
dr Chund
клієнт
d Milchprodukt
молочні продукти
d Frücht
фрукти
dr Iichaufswage
візок для покупок

BUTCHERS

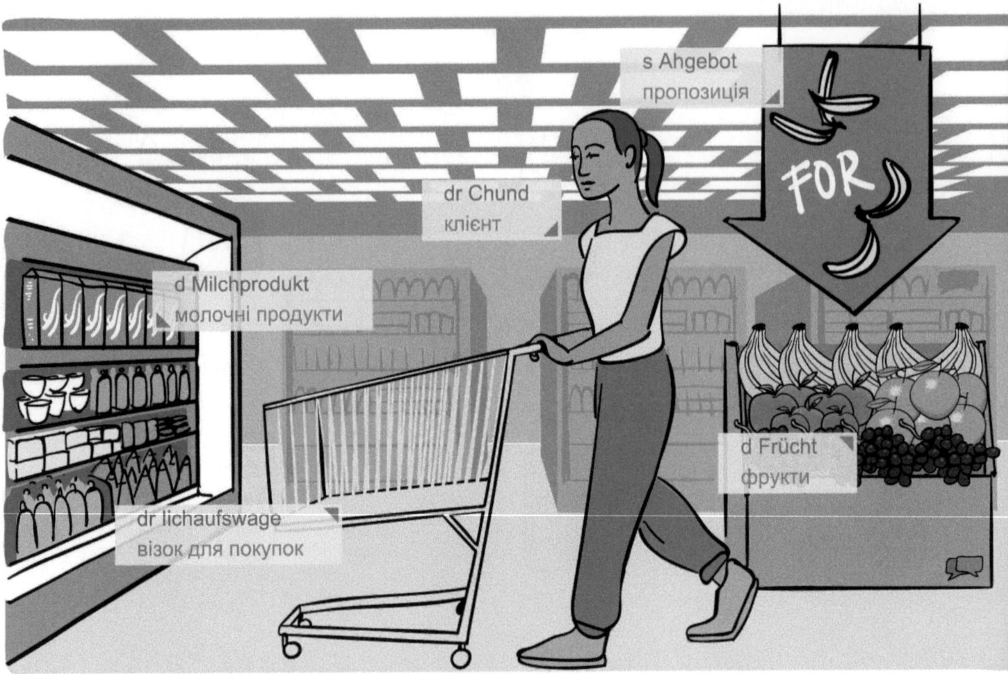

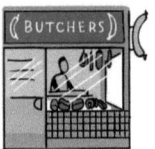

dr Schlachter

м'ясний магазин

BAKERY

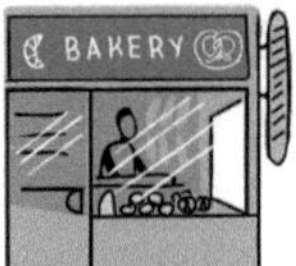

dr Beck

пекарня

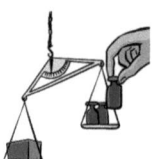

wiege

зважувати

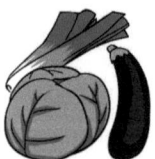

s Gmües

овочі

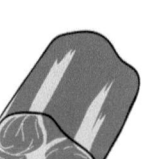

s Fleisch

м'ясо

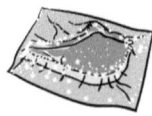

d Tiefkühlprodukt

заморожені продукти

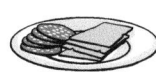

dr Ufschnitt

ковбасна нарізка

d Konsärve

консерви

s Wöschmittel

пральний порошок

d Süessigkeite

солодощі

d Huushaltartikel

предмети домашнього побуту

s Putzmittel

мийний засіб

d Verchäuferin

продавщиця

d Kassä

каса

dr Kassierer

касир

d Ihchaufsliste

список покупок

d Öffnigszite

часи роботи

s Portemonnaie

гаманець

d Kreditkarte

кредитна картка

d Täsche

сумка

dr Plastiksack

поліетиленовий пакет

dr Läbensmittellade - супермаркет

s Wasser

вода

dr Saft

сік

d Milch

молоко

d Cola

кола

dr Wii

вино

s Bier

пиво

dr Alkohol

алкоголь

s Ovi

какао

dr Tee

чай

dr Kafi

кава

dr Espresso

еспресо

dr Cappuccino

капучіно

d Banane

банан

dr Öpfel

яблуко

d Orange

апельсин

d Melone

кавун

d Zitrone

лимон

s Rüebli

морква

dr chnoobli

часник

dr Bambus

бамбук

d Zwiblä

цибуля

dr Pilz

гриб

d Nüss

горішки

d Nudle

локшина

d Spaghetti

спагеті

dr Riis

рис

dr Salat

салат

d Pommfrit

картопля фрі

d Bratherdöpfel

смажена картопля

d Pizza

піца

dr Hamburgär

гамбургер

s Sandwich

бутерброд

s Gotlett

шніцель

dr Schinkä

шинка

d Salami

салямі

s Würschtli

ковбаса

s Huehn

курка

dr Bratä

печеня

dr Fisch

риба

d Haferflocke

вівсяні пластівці

s Müesli

мюслі

d Cornflakes

кукурудзяні пластівці

s Mähl

борошно

s Gipfeli

круасан

s Brötli

булочка

s Brot

хліб

dr Toscht

тостовий хліб

s Guetzli

печиво

d Butter

масло

dr Quark

сир

dr Chueche

пиріг

s Ei

яйце

s Spiegelei

яєчня

dr Chäs

сир

d Glace

морозиво

dr Zucker

цукор

dr Honig

мед

d Gonfi

мармелад

d Nougat-Creme

нуга-крем

s Curry

карі

dr Buurehof

ферма

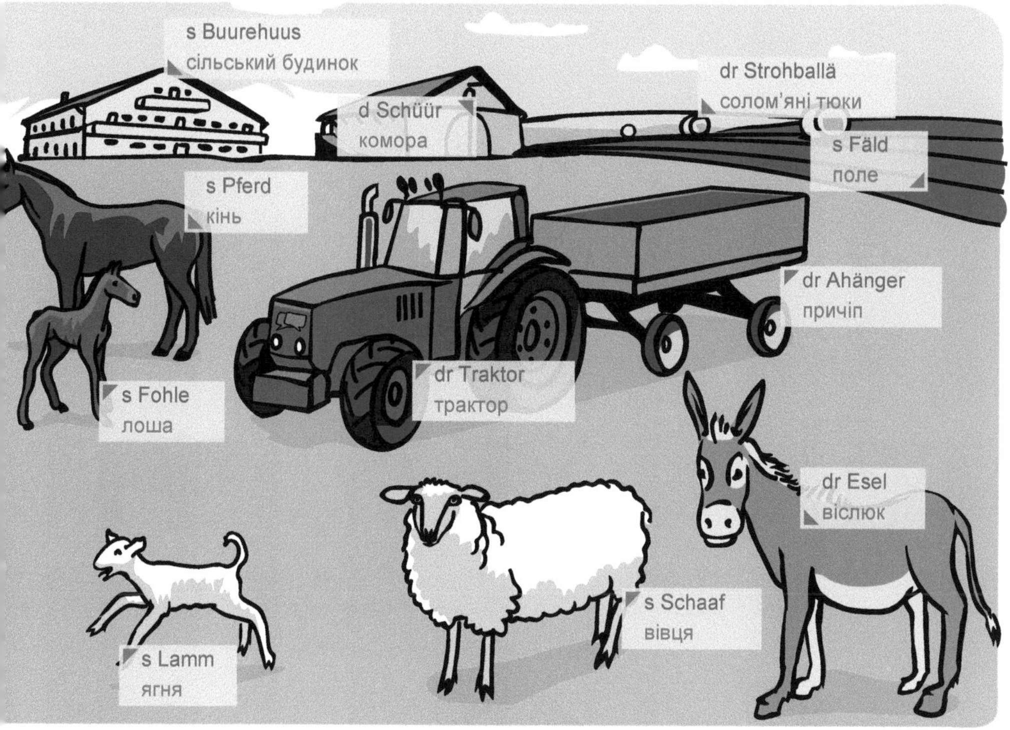
s Buurehuus
сільський будинок
d Schüür
комора
dr Strohballä
солом'яні тюки
s Fäld
поле
s Pferd
кінь
dr Ahänger
причіп
dr Traktor
трактор
s Fohle
лоша
dr Esel
віслюк
s Schaaf
вівця
s Lamm
ягня

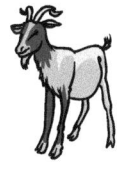

d Geiss
коза

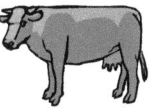

d Chueh
корова

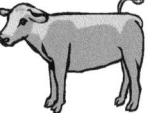

s Chalb
теля

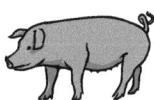

d Sau
свиня

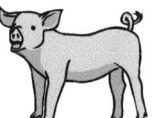

s Ferkel
порося

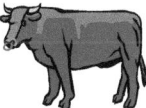

s Rind
бик

d Gans

гусак

d Änte

качка

s Küke

курча

s Huähn

курка

dr Güggel

півень

d Ratte

щур

d Chatz

кіт

d Muus

миша

dr Ochse

віл

dr Hund

собака

d Hundehütte

собача будка

dr Garteschluuch

садовий шланг

d Giesschanne

лійка

d Sägese

коса

dr Pflueg

плуг

d Sichel

серп

d Hacke

мотика

d Heugable

вила

d Axt

сокира

d Garette

тачка

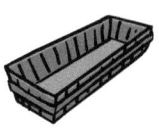

dr Trog

корито

d Milchchanne

бідон молока

dr Sack

мішок

dr Haag

паркан

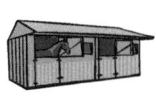

dr Gadä

хлів

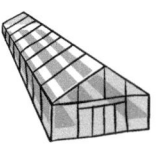

s Gwächshuus

теплиця

dr Bode

ґрунт

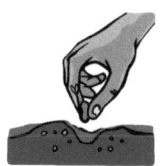

dr Soome

насіння

dr Dünger

добриво

dr Mähdrescher

комбайн

ärnte

пожинати

d Ärnte

урожай

d Yamswurzle

корінь ямсу

dr Weize

пшениця

s Soja

соя

dr Härdöpfel

картопля

dr Mais

кукурудза

dr Raps

ріпак

dr Obstbaum

плодове дерево

dr Maniok

маніок

s Getreide

злаки

s Huus

дім

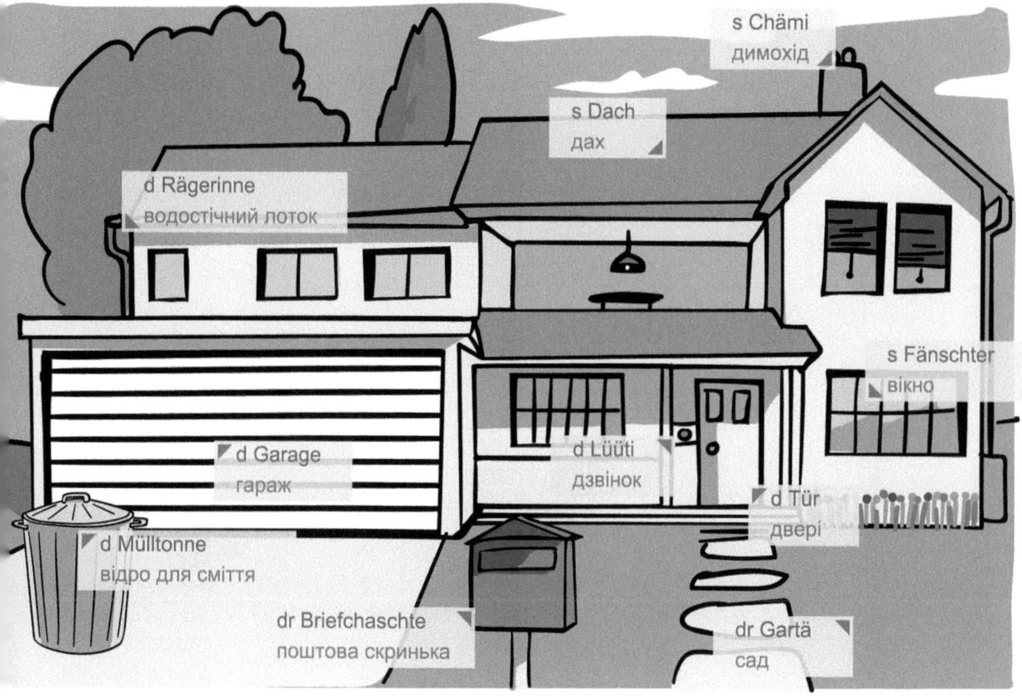
s Chämi
димохід
s Dach
дах
d Rägerinne
водостічний лоток
s Fänschter
вікно
d Garage
гараж
d Lüüti
дзвінок
d Tür
двері
d Mülltonne
відро для сміття
dr Briefchaschte
поштова скринька
dr Gartä
сад

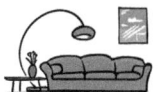

s Stubä

вітальня

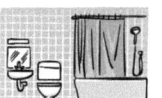

s Badzimmer

ванна кімната

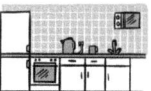

d Chuchi

кухня

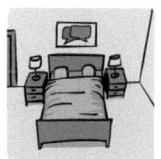

s Schlofzimmer

спальня

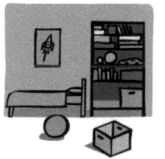

s Chinderzimmer

дитяча кімната

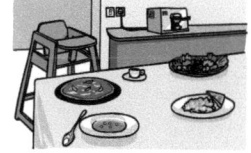

s Ässzimmer

їдальня

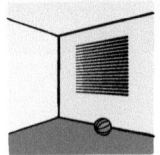

dr Bodä

підлога

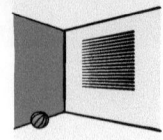

d Wand

стіна

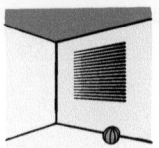

d Decki

стеля

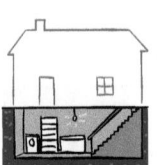

dr Chäller

підвал

d Sauna

сауна

dr Balkon

балкон

d Terasse

тераса

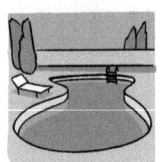

s Pool

басейн

dr Rasemäier

косарка

dr Bettbezug

простирало

d Bettdecki

ковдра

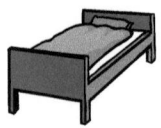

s Bett

ліжко

dr Bäse

мітла

dr Chübel

відро

dr Schalter

перемикач

s Stubä

вітальня

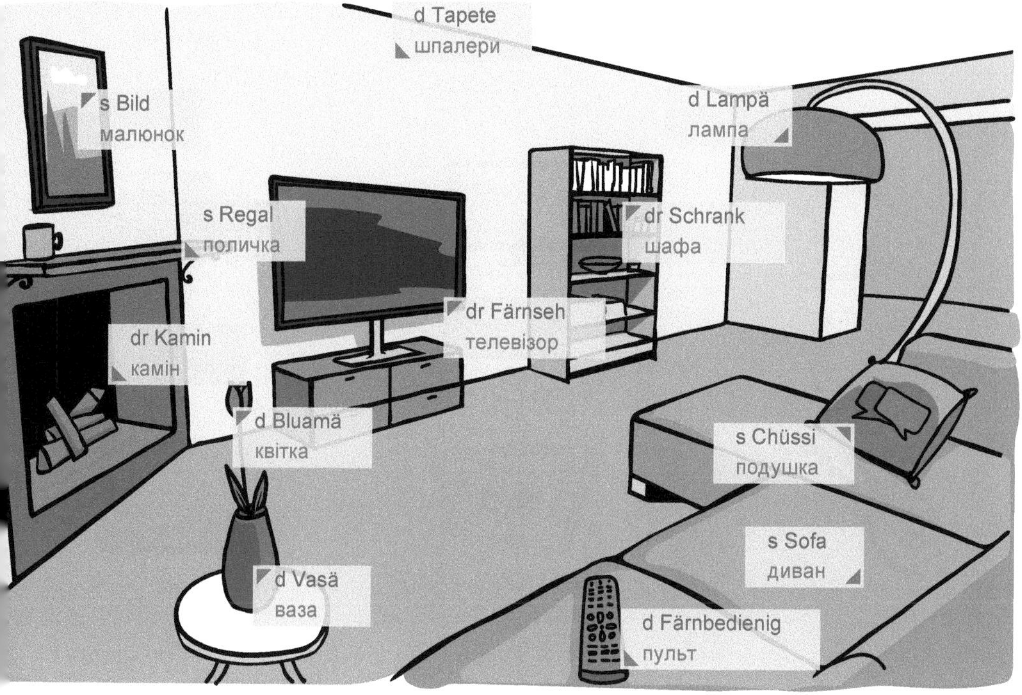

d Tapete
шпалери
s Bild
малюнок
d Lampä
лампа
s Regal
поличка
dr Schrank
шафа
dr Färnseh
телевізор
dr Kamin
камін
d Bluamä
квітка
s Chüssi
подушка
s Sofa
диван
d Vasä
ваза
d Färnbedienig
пульт

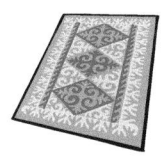

dr Teppich

кѝлим

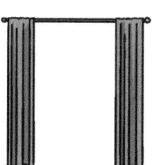

dr Vorhang

завіса

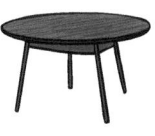

dr Tisch

стіл

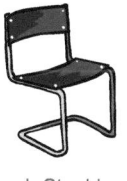

dr Stuehl

стілець

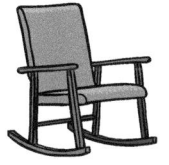

dr Schaukelstuehl

крісло-гойдалка

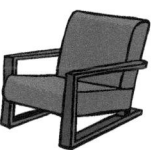

dr Sässel

крісло

s Buech

книга

d Decki

ковдра

d Dekoration

прикраса

s Füürholz

дрова

dr Film

фільм

d Stereoahlag

стереосистема

dr Schlüssel

ключ

d Ziitig

газета

s Bild

картина

s Poster

плакат

s Radio

радіо

dr Notizblock

блокнот

dr Staubsuuger

пилосос

dr Kaktus

кактус

d Chärze

свічка

d Chuchi

кухня

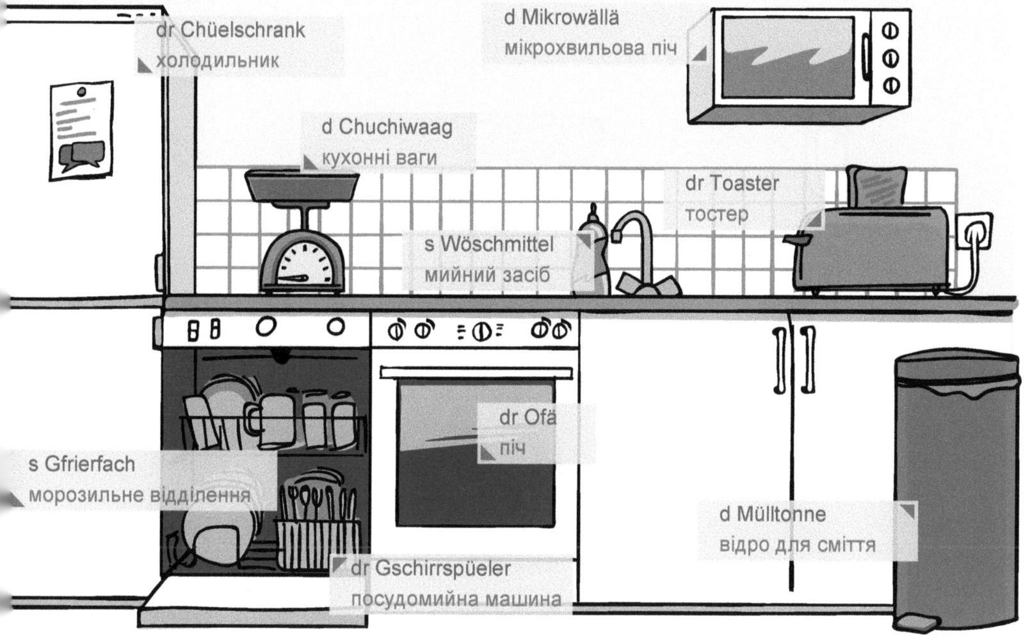

dr Chüelschrank
холодильник
d Mikrowällä
мікрохвильова піч
d Chuchiwaag
кухонні ваги
dr Toaster
тостер
s Wöschmittel
мийний засіб
dr Ofä
піч
s Gfrierfach
морозильне відділення
d Mülltonne
відро для сміття
dr Gschirrspüeler
посудомийна машина

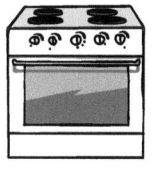

dr Härd

плита

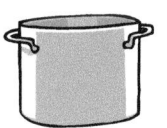

dr Topf

горщик

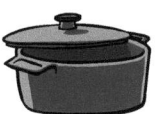

dr Iisetopf

чавунний горщик

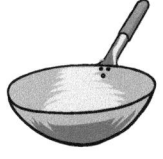

dr Wok / Kadai

вок / кадай

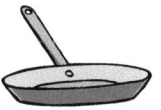

d Pfanne

сковорода

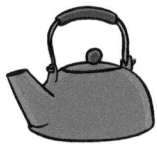

dr Wasserchocher

чайник

dr Dampfer

пароварка

s Bachbläch

лист

s Gschirr

посуд

dr Bächer

кухоль

d Schale

чаша

d Stäbli

палички для їжі

d Suppechellä

черпак

dr Pfannewänder

лопатка

dr Schneebäse

вінчик для збивання

s Sieb

сито

s Sieb

сито

d Raffle

терка

dr Mörser

ступка

dr Grill

барбекю

d Füürstell

багаття

s Schniidbrätt

дошка

s Nudelholz

качалка

dr Korkäzieher

штопор

d Dosä

консерва

dr Dosäöffner

відкривачка

dr Topflappä

прихватки

s Wöschbecki

раковина

d Bürste

щітка

dr Schwumm

губка

dr Mixer

міксер

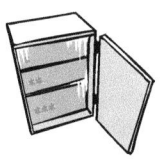

dr Gfrierschrank

морозильна камера

s Babyfläschli

дитяча пляшка

dr Hahnä

кран

s Badzimmer

ванна кімната

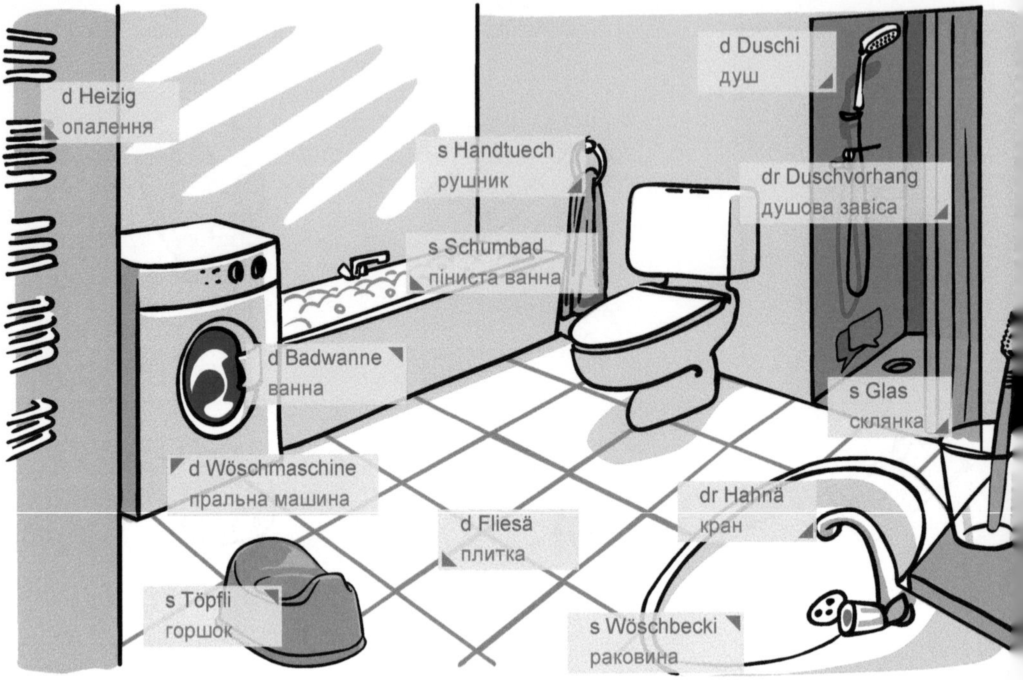

d Duschi
душ

d Heizig
опалення

s Handtuech
рушник

dr Duschvorhang
душова завіса

s Schumbad
пиниста ванна

d Badwanne
ванна

s Glas
склянка

d Wöschmaschine
пральна машина

dr Hahnä
кран

d Fliesä
плитка

s Töpfli
горшок

s Wöschbecki
раковина

d Toilette
туалет

s Plumpsklo
підлоговий туалет

s Bidet
біде

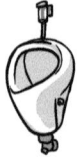

s Pissoir
пісуар

ds Toilettepapier
туалетний папір

d Toilettebürschteli
щітка для туалету

d Zahbürstä

зубна щітка

d Zahpasta

зубна паста

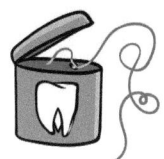

d Zahnsiide

нитка для чищення зубів

wäsche

мити

d Handduschi

ручний душ

d Intiimduschi

інтимний душ

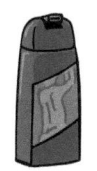

s Wöschbecki

таз

d Ruggäbürste

щітка для спини

d Seifä

мило

s Duschgel

гель для душу

s Shampoo

шампунь

dr Waschlappä

мочалка

dr Abfluss

водостік

d Creme

крем

s Deo

дезодорант

dr Spiegel

дзеркало

dr Handspiegel

косметичне дзеркало

dr Rasierer

бритва

dr Rasierschuum

піна для гоління

s Aftershave

лосьйон після гоління

dr Schträäl

гребінь

d Bürstä

щітка

dr Föhn

фен

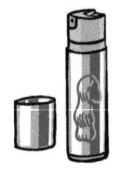

s Hoorspray

лак для волосся

s Makeup

косметика

dr Lippestift

губна помада

dr Nagellack

лак для нігтів

d Wattä

вата

d Nagelscher

ножиці для нігтів

s Parfum

парфум

s Badzimmer - ванна кімната

s Necessaire

косметичка

dr Schemel

табурет

d Waag

ваги

dr Badmantel

халат

dr Gummihändscheh

гумові рукавички

s Tampon

тампон

d Damebinde

гігієнічні прокладки

d chemischi Toilette

біотуалет

s Chinderzimmer

дитяча кімната

dr Wecker
будильник
s Kuscheltier
м'яка іграшка
s Spielzügauto
іграшковий автомобіль
d Rassle
брязкальце
s Puppehuus
ляльковий будиночок
s Gschänk
подарунок

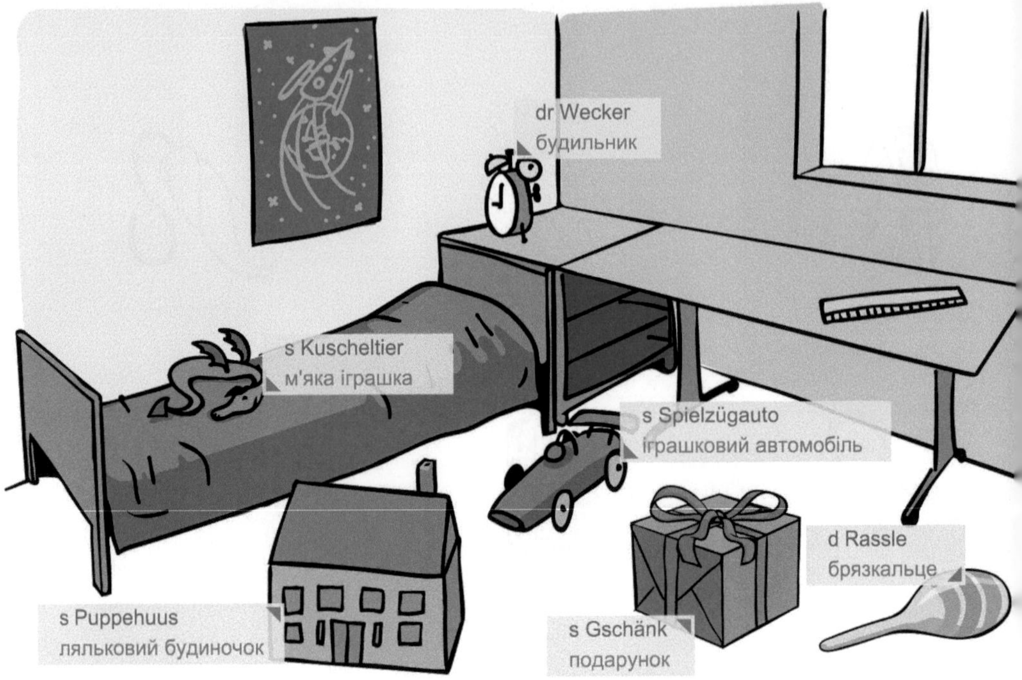

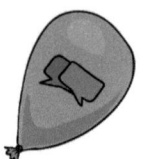

dr Ballon

повітряна кулька

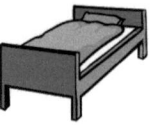

s Bett

ліжко

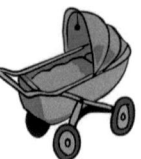

dr Chinderwage

дитячий візок

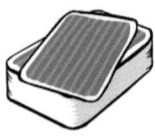

s Chartespiel

картярська гра

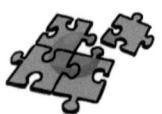

s Puzzle

пазл

dr Comic

комікс

d Legos

лего цеглинки

d Baustei

блоки

d Action Figur

іграшкова фігурка

s Strampli

повзунки

s Frisbee

фризбі

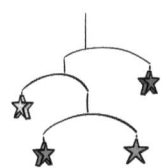

s Mobile

мобіле

s Brättspiel

настільна гра

dr Würfäl

кубик

d Modellisebahn

модель залізнична станція

dr Nuggi

соска

d Party

вечірка

s Bilderbuch

книжка з картинками

dr Ball

м'яч

d Puppä

лялька

spiele

грати

dr Sandchaschte

пісочниця

d Gigampfi

гойдалка

s Spielzüg

іграшка

d Videospielkonsole

гральна консоль

s Dreirad

триколісний велосипед

dr Teddy

плюшевий мішка

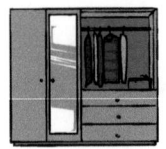

dr Chleiderschrank

шафа

d Chleidig

одяг

d Sockä

шкарпетки

d Strümpf

панчохи

d Strumpfhosä

колготки

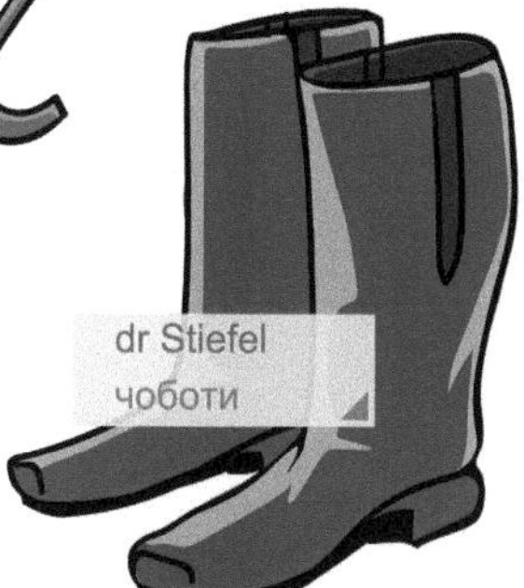

dr Schal
шарф

dr Gürtel
ремінь

dr Rägeschirm
парасоля

s T-Shirt
футболка

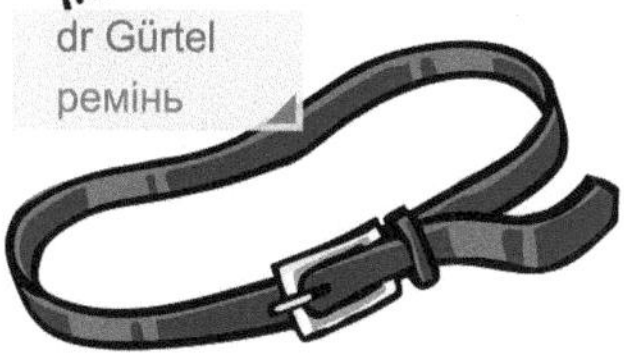

d Turnschueh
кросівки

dr Stiefel
чоботи

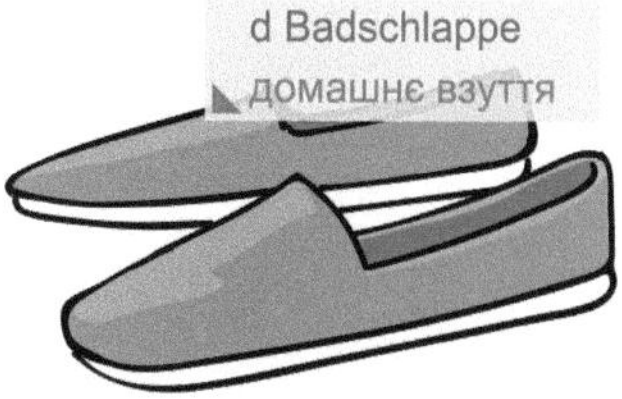

d Badschlappe
домашнє взуття

d Sandalä

сандалі

d Schueh

взуття

d Gummistiefel

гумові чоботи

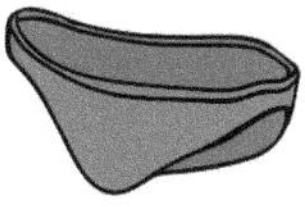

d Untrhosä

труси

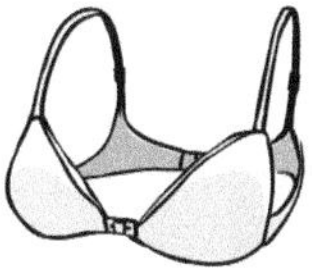

dr BH

бюстгальтер

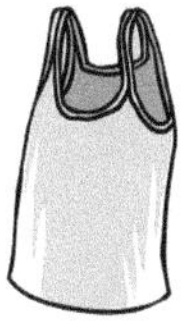

s Underlibli

нижня сорочка

dr Body

боді

d Hosä

штани

d Jeans

джинси

dr Rock

спідниця

d Bluse

блузка

s Hömli

сорочка

dr Pulli

пуловер

dr Kapuzepulli

светр

dr Blazer

піджак

d Jacke

куртка

dr Mantel

пальто

dr Rägämantel

дощовик

s Chostüm

костюм

s Chleid

сукня

s Hochziitskleid

весільна сукня

dr Ahzug

костюм

s Nachthömli

нічна сорочка

s Pyjama

піжама

dr Sari

сарі

s Chopftuäch

головна хустка

dr Turban

чалма

d Burka

бурка

dr Kaftan

кафтан

d Abaya

абая

s Badchleid

купальник

d Badhose

плавки

d churzi Hosä

шорти

dr Trainer

тренувальний костюм

d Schürze

фартух

d Händsche

рукавички

dr Chnopf

гудзик

d Brüllä

окуляри

s Armband

браслет

d Chetti

ланцюг

dr Ring

кільце

dr Ohrering

сережка

d Chappe

шапка

dr Chleiderbügel

плічка

dr Huet

капелюх

d Grawattä

краватка

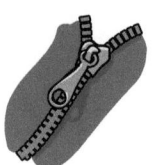

dr Riissverschluss

застібка-блискавка

dr Helm

шолом

dr Hosäträger

підтяжки

d Schueluniform

шкільна форма

d Uniform

уніформа

s Lätzli

нагрудник

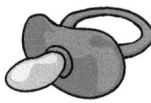

dr Nuggi

соска

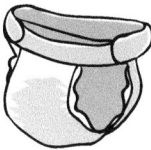

d Windle

підгузок

s Büro

офіс

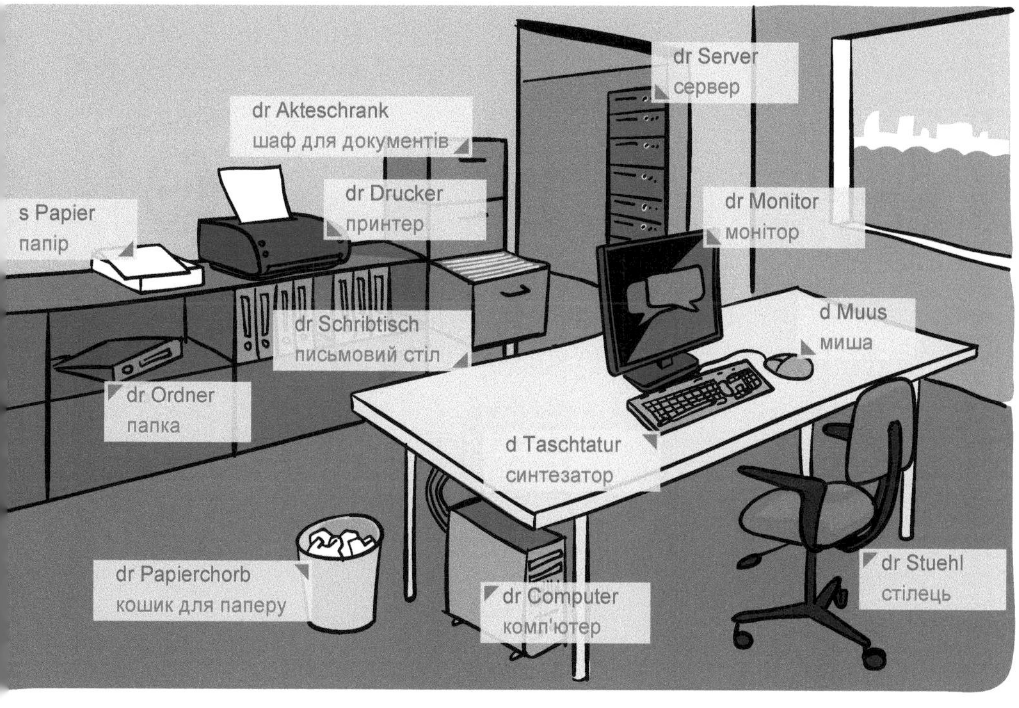

dr Server
сервер

dr Akteschrank
шаф для документів

dr Drucker
принтер

dr Monitor
монітор

s Papier
папір

d Muus
миша

dr Schribtisch
письмовий стіл

dr Ordner
папка

d Taschtatur
синтезатор

dr Papierchorb
кошик для паперу

dr Computer
комп'ютер

dr Stuehl
стілець

dr Kafibächer

кавовий кухоль

dr Tascherächner

калькулятор

s Internet

інтернет

dr Laptop

ноутбук

dr Brief

лист

d Nochricht

повідомлення

s Mobiltelefon

мобільний телефон

s Netzwärk

мережа

dr Kopierer

копіювальний пристрій

d Software

програмне забезпечення

s Telefon

телефон

d Steckdosä

розетка

s Fax

факс

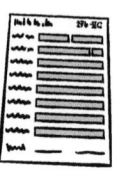

s Formular

бланк

s Dokumänt

документ

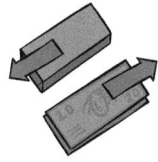

chaufe

купувати

zahle

платити

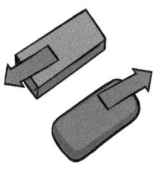

handle

торгувати

s Gäld

гроші

USD

dr Dollar

долар

EUR

dr Euro

євро

JPY

dr Yen

ієна

RUB

dr Rubel

рубль

CHF

dr Frankä

франк

CNY

dr Renminbi Yuan

юанів женьміньбі

INR

d Rupie

рупія

dr Gäldautomat

банкомат

d Wächselstube

обмінний пункт

s Gold

золото

s Silber

срібло

s Öl

нафта

d Energie

енергія

dr Preis

ціна

dr Vertrag

контракт

d Stüür

податок

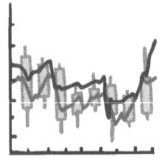

d Aktie

акція

schaffe

працювати

dr Mitarbeiter

працівник

dr Arbeitgeber

роботодавець

d Fabrik

фабрика

s Gschäft

магазин

d Wirtschaft - економіка

dr Polizischt
поліцейський

dr Füürwehrmaa
пожежник

dr Choch
повар

dr Arzt
лікар

dr Pilot
пілот

dr Gärtner

садівник

dr Zimmermah

столяр

d Näheri

швачка

dr Richter

суддя

dr Chemiker

хімік

dr Darsteller

актор

dr Busfahrer

водій автобуса

dr Taxifahrer

таксист

dr Fischer

рибалка

d Putzfrau

прибиральниця

dr Dachdecker

покрівельник

dr Chällner

офіціант

dr Jäger

мисливець

dr Moler

художник

dr Bäcker

пекар

dr Elektriker

електрик

dr Bauarbeiter

будівельник

dr Ingenieur

інженер

dr Schlachter

забійник

dr Klämpner

бляхар

dr Pöschtler

листоноша

dr Soldat

солдат

dr Architekt

архітектор

dr Kassierer

касир

dr Florischt

флорист

dr Frisör

перукар

dr Kontrolleur

кондуктор

dr Mechaniker

механік

dr Kapitän

капітан

dr Zahnarzt

дантист

dr Wüsseschaftler

вчений

dr Rabbi

рабин

dr Imam

імам

dr Mönch

монах

dr Pfarrer

пастор

d Werkzüüg
інструменти

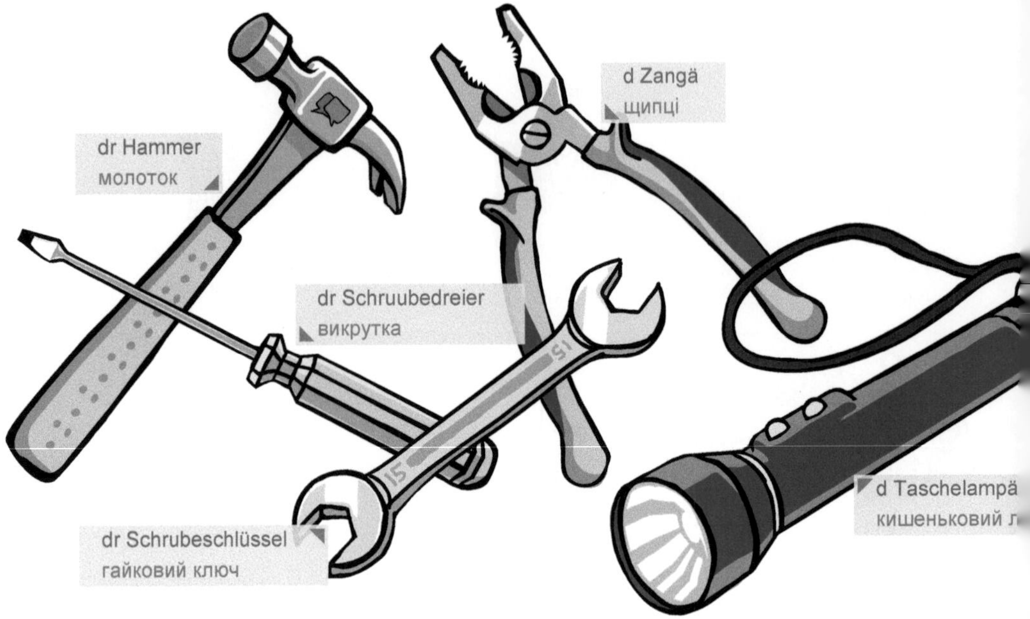
d Zangä
щипці
dr Hammer
молоток
dr Schruubedreier
викрутка
d Taschelampä
кишеньковий л
dr Schrubeschlüssel
гайковий ключ

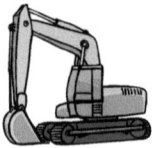

dr Bagger
екскаватор

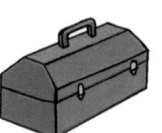

dr Werkzüügchaschte
ящик для інструментів

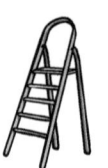

d Leitere
драбина

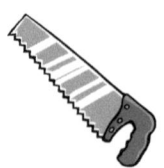

d Sagi
пилка

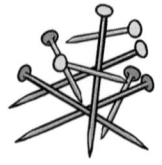

d Negel
цвяхи

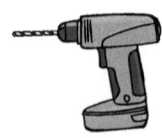

dr Bohrer
свердло

flicke

ремонтувати

d Schufle

лопата

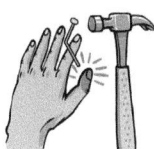

Mischt!

лайно!

d Ascheschufle

совок

dr Farbchübel

відро з фарбою

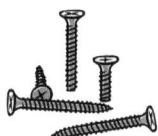

d Schruube

гвинти

d Musiginstrumänt
музичні інструменти

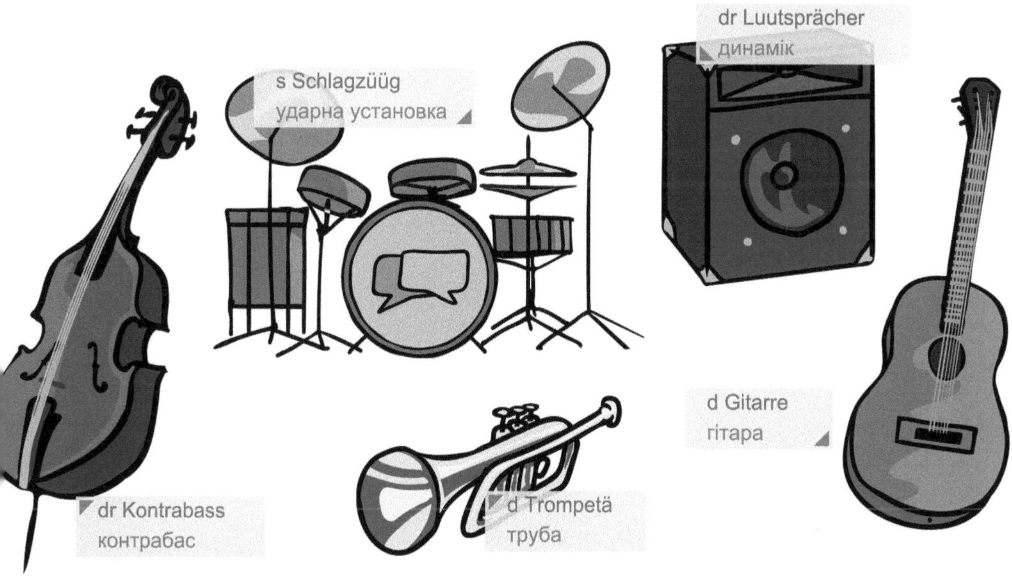

s Schlagzüüg
ударна установка

dr Luutsprächer
динамік

d Gitarre
гітара

dr Kontrabass
контрабас

d Trompetä
труба

s Klavier

фортепіано

d Violine

скрипка

dr Bass

бас

d Pauke

литаври

d Trummle

барабан

s Keyboard

клавіатура

s Saxophon

саксофон

d Flöte

флейта

s Mikrofon

мікрофон

dr Zolli

зоопарк

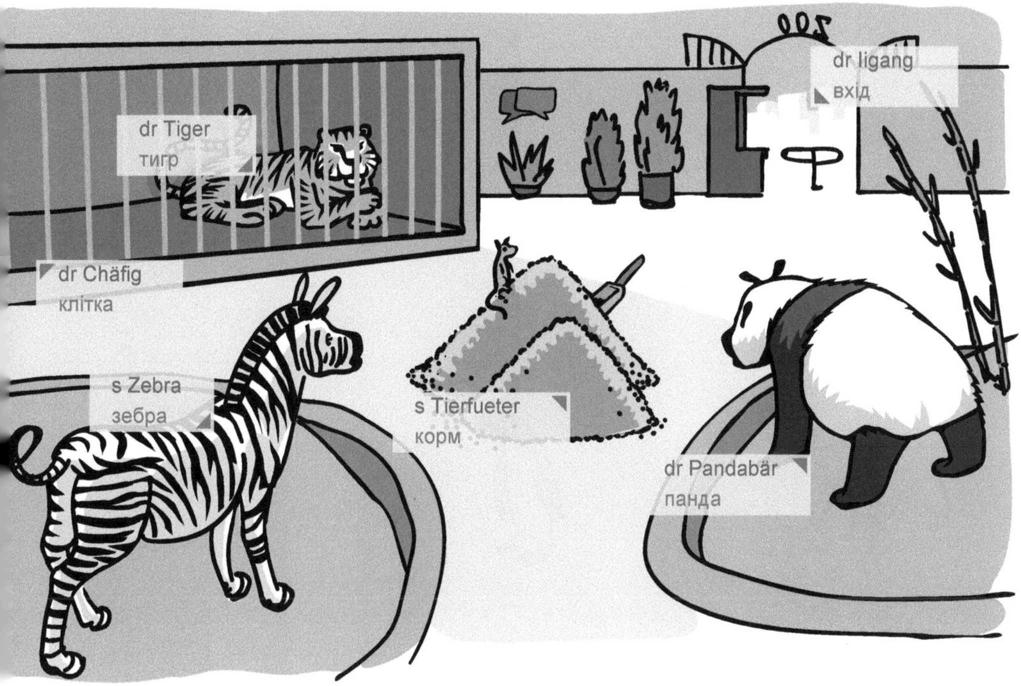
dr Iigang
вхід
dr Tiger
тигр
dr Chäfig
клітка
s Zebra
зебра
s Tierfueter
корм
dr Pandabär
панда

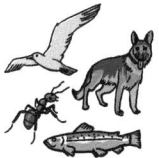

d Tier

тварини

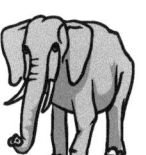

dr Elefant

слон

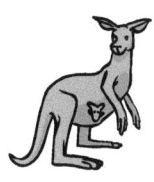

s Känguru

кенгуру

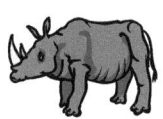

s Nashorn

носоріг

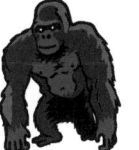

dr Gorilla

горила

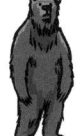

dr Bär

ведмідь

s Kamel

верблюд

dr Struss

страус

dr Leu

лев

dr Aff

мавпа

dr Flamingo

фламінго

dr Papagei

папуга

dr Iisbär

білий ведмідь

dr Pinguin

пінгвін

dr Hai

акула

dr Pfau

павич

d Schlangä

змія

s Krokodil

крокодил

dr Zoowärter

працівник зоопарку

d Robbä

тюлень

dr Jaguar

ягуар

s Pony

поні

dr Leopard

леопард

s Nilpfärd

гіпопотам

d Giraff

жираф

dr Adler

орел

s Wildschwein

кабан

dr Fisch

риба

d Schildkrot

черепаха

s Walross

морж

dr Fuchs

лисиця

d Gazelle

газель

s American Football
американський футбол

s Velofahre
їзда на велосипеді

s Tennis
теніс

dr Basketball
баскетбол

s Schwümmä
плавання

s Boxä
бокс

s Iishockey
хокей

dr Fuessball
футбол

s Badminton
бадмінтон

d Liechtathletik
легка атлетика

dr Handball
гандбол

s Skifahre
лижні перегони

s Polo
поло

d Aktivitäte
дії

springä
стрибати
umarme
обіймати
lachä
сміятися
gah
йти
singe
співати
troime
мріяти
bätte
молитися
küssä
цілувати

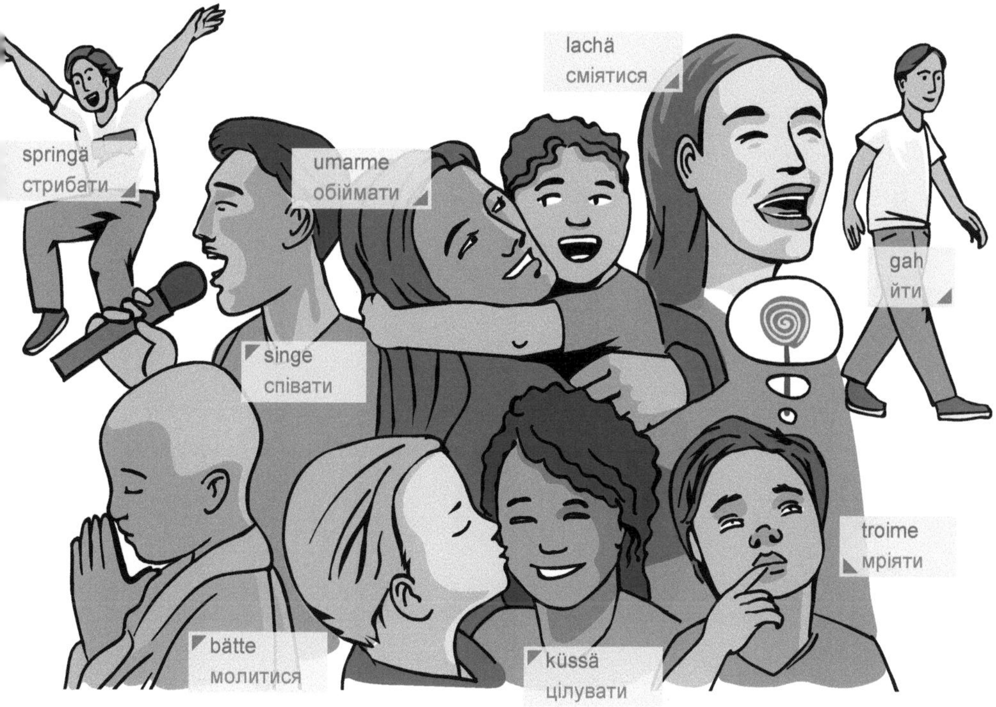

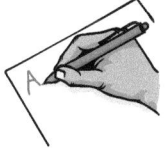

schribe
писати

zeichne
малювати

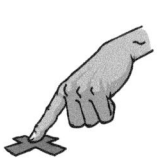

zeige
показувати

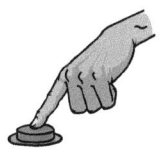

schiebe
тиснути

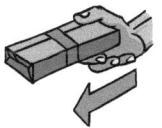

gäh
давати

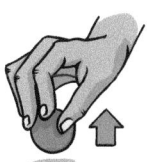

näh
брати

händ

мати

mache

робити

sy

бути

stah

стояти

laufe

бігати

zieh

тягнути

rüerä

кидати

fallä

падати

ligge

лежати

warte

очікувати

träge

носити

sitze

сидіти

ahzieh

одягати

schlafe

спати

ufwache

просипатися

ahluege

дивитися

brüele

плакати

striichle

гладити

bürste

розчісувати

redä

розмовляти

verschtah

розуміти

froog

питати

lose

слухати

trinke

пити

ässe

їсти

ufruume

прибирати

liebe

любити

chochä

варити

fahre

їхати

flüge

літати

segle

йти під вітрилом

rächne

рахувати

läse

читати

leerä

вчитися

schaffe

працювати

hürate

одружуватися

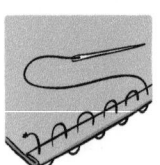

näije

шити

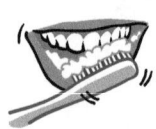

Zäh putze

чистити зуби

töte

убивати

schlootä

курити

sände

посилати

Grossmuetter
буся

dr Grossvater
дідуся

dr Vatter
батько

d Muetter
мати

s Baby
немовля

d Tochter
донька

dr Sohn
син

dr Gast

гість

d Tante

тітка

dr Unkel

дядько

dr Brüeder

брат

d Schwöschter

сестра

dr Körpär

тіло

d Stirn
чоло
ds Aug
око
d Schultere
плече
dr Fingär
палець
s Gsicht
обличчя
s Chüni
підборіддя
d Hand
кисть
s Bei
нога
d Bruscht
груди
dr Arm
рука

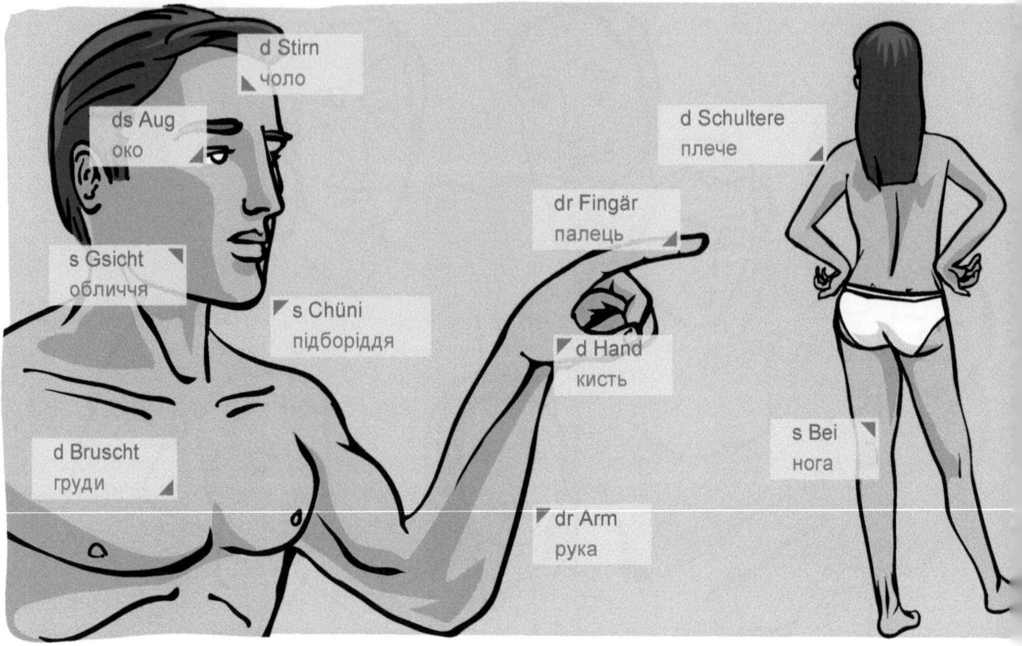

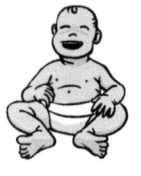

s Baby
немовля

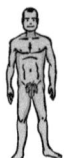

dr Mah
чоловік

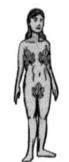

d Frau
жінка

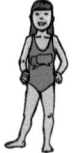

s Meitli
дівчина

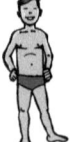

dr Bueb
хлопчик

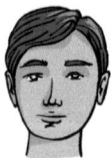

dr Chopf
голова

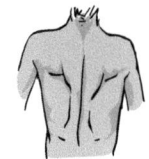

dr Ruggä

спина

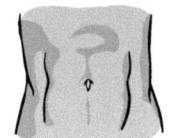

dr Buuch

живіт

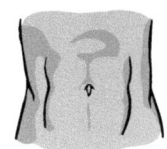

dr Buchnabel

пуп

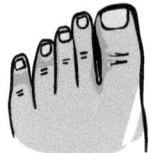

dr Zäche

палець ноги

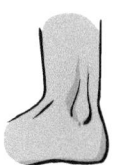

d Fersä

п'ята

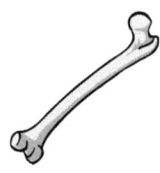

d Knoche

кістка

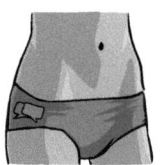

d Hüfte

стегно

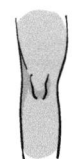

s Chnü

коліно

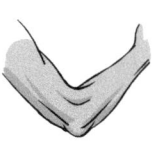

dr Ellbogä

лікоть

d Nase

ніс

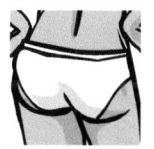

s Füdli

сідниці

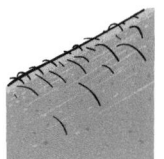

d Hut

шкіра

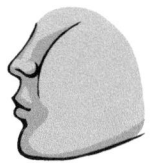

d Bagge

щока

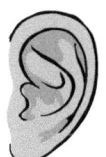

s Ohr

вухо

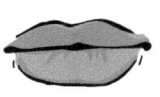

d Lippe

губа

s Muul

рот

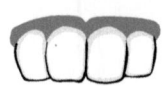

dr Zah

зуб

d Zungä

язик

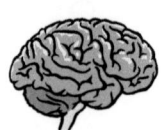

s Hirni

мозок

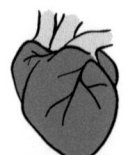

s Härz

серце

dr Muskel

м'яз

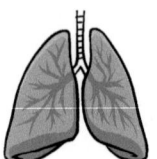

d Lungä

легені

d Läberä

печінка

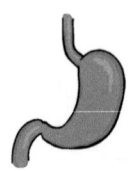

dr Magen

шлунок

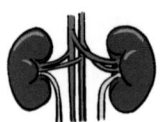

d Nierä

нирки

dr Gschlächtsvrkehr

статевий акт

s Kondom

презерватив

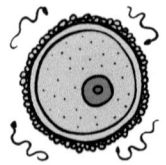

d Eizälle

яйцеклітина

dr Soome

сперма

d Schwangerschaft

вагітність

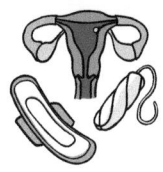

d Menstruation

менструація

d Vagina

вагіна

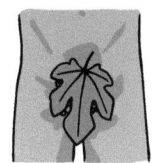

dr Penis

пеніс

d Augebrauä

брова

s Haar

волосся

dr Hals

шия

s Spital
лікарня

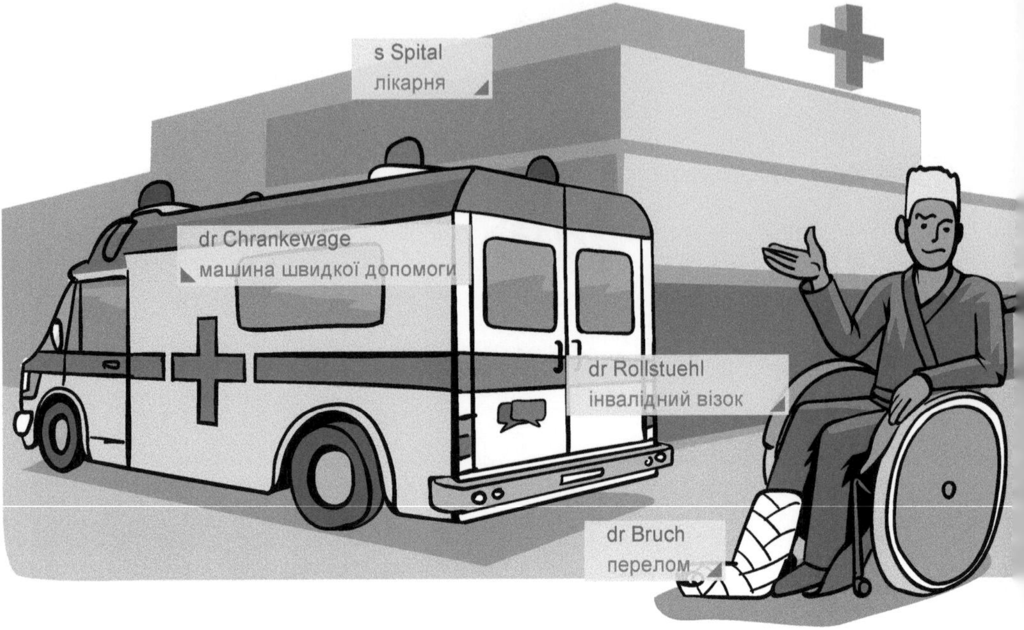

s Spital
лікарня
dr Chrankewage
машина швидкої допомоги
dr Rollstuehl
інвалідний візок
dr Bruch
перелом

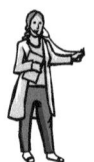

dr Arzt

лікар

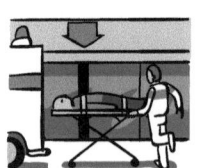

d Notufnahm

відділення швидкої медичної допомоги

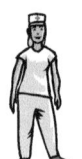

d Chrankeschwöschter

медсестра

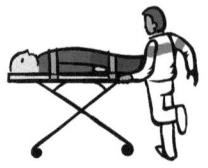

dr Notfall

аварійний випадок

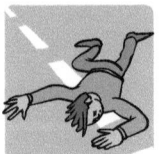

ohnmächtig

непритомний

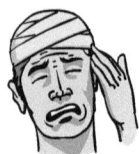

dr Schmärz

біль

d Verletzig

травма

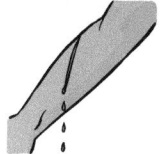

d Bluätig

кровотеча

dr Härzinfarkt

інфаркт

dr Schlagahfall

інсульт

d Allergie

алергія

dr Hueschtä

кашель

s Fieber

лихоманка

d Grippe

грип

dr Durchfall

пронос

d Kopfschmärze

головна біль

dr Kräbs

рак

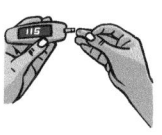

dr Diabetes

діабет

dr Chirurg

хірург

s Skalpell

скальпель

d Operation

операція

s CT

КТ

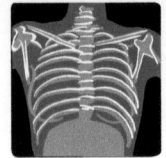

s Röntgä

рентген

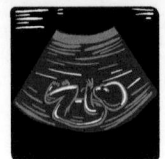

s Ultraschall

ультразвук

d Gsichtsmaske

маска

d Krankhet

хвороба

s Wartezimmer

зал очікування

d Krückä

милиця

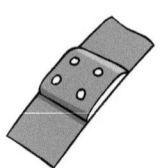

s Pflaster

пластир

dr Vrband

пов'язка

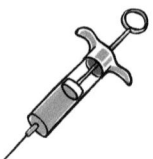

d Injektion

ін'єкція

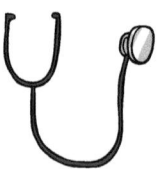

s Stethoskop

стетоскоп

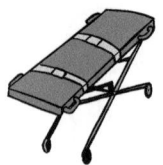

d Trage

ноші

s Thermometer

термометр

d Geburt

народження

s Übergwicht

надмірна вага

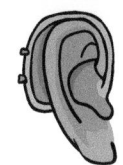

s Hörgrät

слуховий апарат

s Desinfektionsmittel

дезінфікуючий засіб

d Infektion

інфекція

s Virus

вірус

s HIV / AIDS

ВІЛ / СНІД

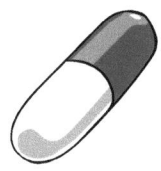

d Medizin

медицина

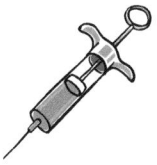

d Impfig

вакцинація

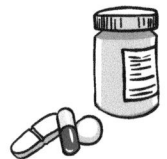

d Tablette

таблетки

d Pille

протизаплідна пігулка

dr Notruef

екстрений виклик

s Bluetdruck-Mässgrät

тонометр

chrank / gsund

хворий / здоровий

Hiufe!

Допоможіть!

dr Alarm

сигнал тривоги

dr Überfall

напад

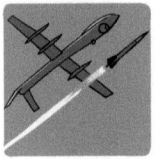

dr Ahgriff

атака

d Gfohr

небезпека

dr Notuusgang

аварійний вихід

Füür!

Вогонь!

dr Füürlöscher

вогнегасник

dr Unfall

аварія

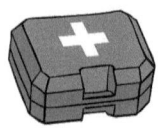

dr Ersti-Hilf-Koffer

аптечка

SOS

СОС

d Polizei

поліція

s Europa

Європа

s Nordamerika

Північна Америка

s Südamerika

Південна Америка

s Afrika

Африка

s Asie

Азія

s Auschtralie

Австралія

dr Atlantik

Атлантика

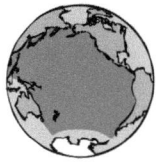

dr Pazifik

Тихий океан

dr Indische Ozean

Індійський океан

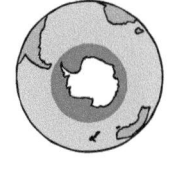

dr Antarktische Ozean

Антарктичний океан

dr Arktische Ozean

Північний Льодовитий океан

dr Nordpol

Північний полюс

dr Südpol

Південний полюс

d Antarktis

Антарктика

d Ärde

Земля

s Land

суша

s Meer

море

d Inslä

острів

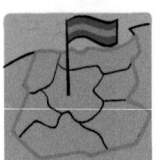

d Nation

нація

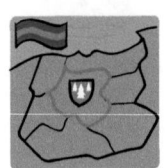

dr Staat

держава

d Ärde - Земля

s Ziffereblatt

циферблат

dr Stundezeiger

годинникова стрілка

dr Minutezeiger

хвилинна стрілка

dr Sekundezeiger

секундна стрілка

Wie spaht isch es?

Котра година?

dr Tag

день

d Zit

час

jetzt

зараз

d Digitaluhr

цифровий годинник

d Minute

хвилина

d Stunde

година

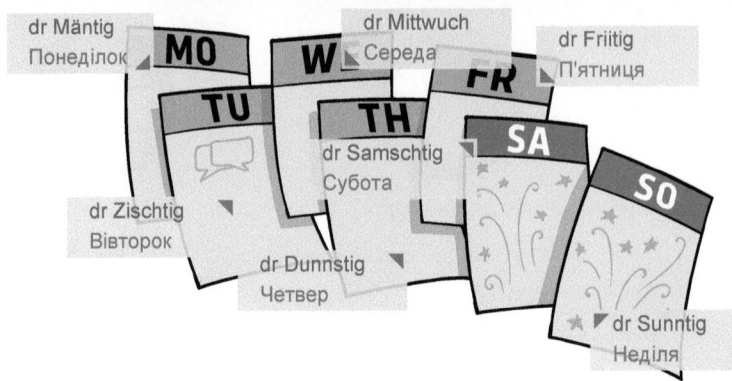

dr Mäntig
Понеділок

dr Mittwuch
Середа

dr Friitig
П'ятниця

dr Zischtig
Вівторок

dr Samschtig
Субота

dr Dunnstig
Четвер

dr Sunntig
Неділя

geschter

вчора

hüt

сьогодні

morn

завтра

dr Morgä

ранок

dr Mittag

опівдні

dr Aabig

вечір

d Wärktag

робочі дні

s Wuchenänd

кінець робочого тижня

dr Räge
дощ

dr Rägeboge
веселка

dr Schnee
сніг

dr Wind
вітер

dr Früelig
весна

dr Herbscht
осінь

dr Summer
літо

dr Winter
зима

4.APRIL	11°	☀
5.APRIL	4°	☁
6.APRIL	13°	☂
7.APRIL	8°	☀
8.APRIL	10°	☀

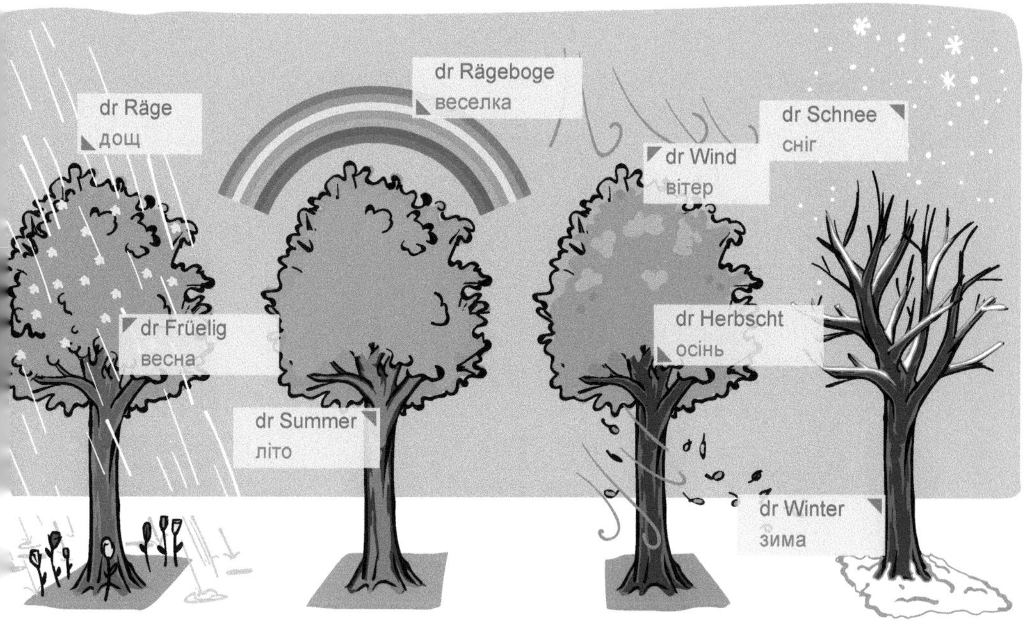

d Wättervorhärsag

прогноз погоди

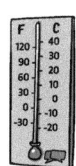

s Thermometer

термометр

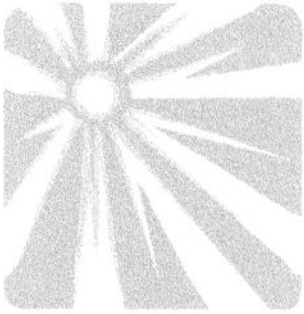

dr Sunneschiin

сонячне світло

d Wolkä

хмара

d Näbel

туман

d Fiechtigkeit

вологість повітря

dr Blitz

блискавка

dr Dunner

грім

dr Sturm

шторм

d Hagel

град

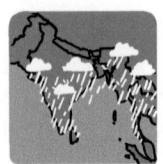

dr Monsun

мусон

d Fluet

повінь

s Iis

лід

dr Januar

Січень

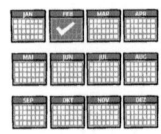

dr Februar

Лютий

dr März

Березень

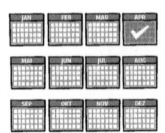

dr April

Квітень

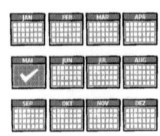

dr Mai

Травень

dr Juni

Червень

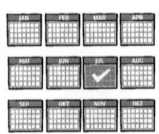

dr Juli

Липень

dr Auguscht

Серпень

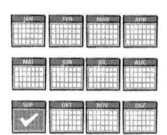

dr Septämber
....
Вересень

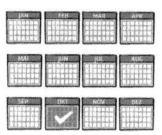

dr Oktober
....
Жовтень

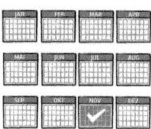

dr Novämber
....
Листопад

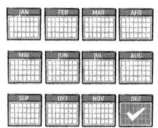

dr Dezämber
....
Грудень

d Forme
форми

dr Kreis
....
круг

s Quadrat
....
квадрат

s Rächteck
....
прямокутник

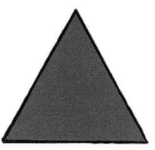

s Dreieck
....
трикутник

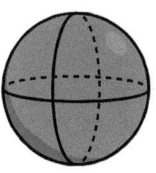

d Chugele
....
куля

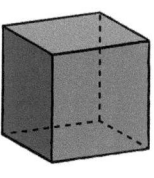

dr Würfel
....
куб

wiss

білий

gäl

жовтий

orange

помаранчевий

pink

рожевий

rot

червоний

liila

фіолетовий

blau

синій

grüen

зелений

bruun

коричневий

grau

сірий

schwarz

чорний

viel / wenig

багато / мало

hässig / ruhig

лютий / мирний

hübsch / hässlich

гарний / бридкий

dr Ahfang / s Ändi

початок / кінець

gross / chli

великий / малий

hell / dunkel

світлий / темний

Brüeder / d Schwöschter

брат / сестра

suuber / dräckig

чистий / брудний

vollständig / unvollständig

завершений /
незавершений

dr Tag / d Nacht

день / ніч

tot / läbig

мертвий / живий

breit / schmal

широкий / вузький

ässbar / nid ässbar

їстівний / неїстівний

bös / fründlich

злий / дружній

uffreggt / glangwilt

збуджений / нудьгуючий

dick / dünn

товстий / тонкий

zerscht / zletscht

спочатку / востаннє

dr Fründ / dr Find

друг / ворог

voll / läär

повний / порожній

hart / weich

жорсткий / м'який

schwer / liecht

важкий / легкий

dr Hunger / dr Durscht

голод / спрага

chrank / gsund

хворий / здоровий

illegal / legal

незаконний / законний

intelligänt / gatz

розумний / дурний

links / rächts

вліво / вправо

nöch / wiit weg

поруч / далеко

neu / bruucht

новий / використаний

nüt / öpis

нічого / щось

alt / jung

старий / молодий

ah / uss

вкл / викл

offe / zue

відкрито / закрито

lislig / luut

тихо / гучно

riich / arm

багатий / бідний

richtig / falsch

правильно / неправильно

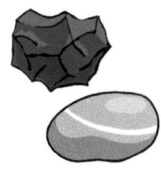

rau / glatt

шорсткий / гладкий

truurig / glücklich

сумний / щасливий

churz / lang

короткий / довгий

langsam / schnäll

повільно / швидко

nass / trochä

вологий / сухий

warm / chalt

гарячий / холодний

dr Chrieg / dr Friede

війна / мир

числа

0

Null
нуль

1

eis
один

2

zwei
два

3

drü
три

4

vier
чотири

5

foif
п'ять

6

sächs
шість

7

sibe
сім

8

acht
вісім

9

nün
дев'ять

10

zäh
десять

11

elf
одинадцять

12
zwölf

дванадцять

13
drizäh

тринадцять

14
vierzäh

чотирнадцять

15
füfzäh

п'ятнадцять

16
sächzäh

шістнадцять

17
siebzäh

сімнадцять

18
achtzäh

вісімнадцять

19
nünzäh

дев'ятнадцять

20
zwänzg

двадцять

100
Hundert

сто

1.000
Tuusig

тисяча

1.000.000
Million

мільйон

МОВИ

Änglisch

англійська

Amerikanischs Änglisch

американська англійська

Chinesisch Mandarin

китайська
високочиновницька

Hindi

хінді

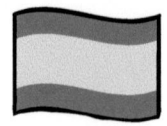

Spanisch

іспанська

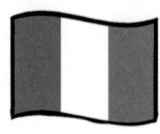

Französisch

французька

Arabisch

арабська

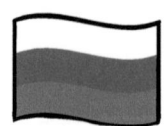

Russisch

російська

Portugiesisch

португальська

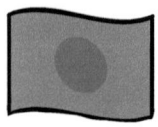

Bengalisch

бенгальська

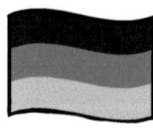

Dütsch

німецька

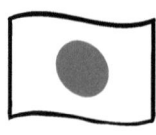

Japanisch

японська

ich
....
я

du
....
ти

är / sie / es
....
він / вона / воно

mir
....
ми

ihr
....
ви

sie
....
вони

wär?
....
хто?

was?
....
що?

wie?
....
як?

wo?
....
де?

wänn?
....
коли?

Name
....
ім'я

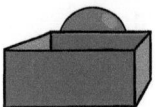

hinder

ззаду

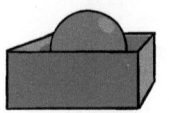

in

в

vor

перед

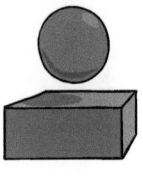

über

над

uf

на

under

під

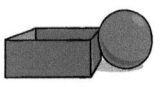

näbe

біля

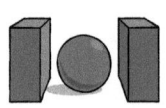

zwüsche

між

dr Ort

місце